도서출판 제일어학

초판 1쇄 인쇄 2009년 1월 5일
초판 2쇄 발행 2009년 3월 2일

지은이 | 韓日言語研究院
펴낸이 | 이순희
표지, 내지 디자인 | 이유경
펴낸곳 | 제일법규(제일어학)
www.jeilbnl.com

주소 | 서울시 서초구 서초동 1512-2호
전화 | 02-523-1657, 597-1088
팩스 | 02-597-6464
대체 | 국민 084-25-0012-739
출판등록 | 1993년 4월 1일 21-429호

ISBN 978-89-5621-064-3 13730

일러두기

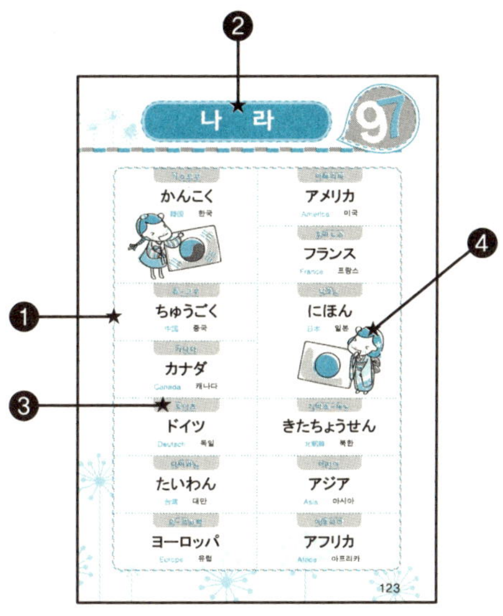

❶ 반드시 꼭 알아야 할 일본어 기초단어
❷ 상황별, 테마별 일상생활 필수어휘 수록
❸ 각 단어별 한글음, 고저 악센트 표기
❹ 확실한 암기를 돕는 일러스트 구성

- 기초부터 튼튼히!
- 나의 신상파악!
- 맛있게 먹기!
- 멋지게 가꾸기!
- 편안한 보금자리!
- 열심히 공부하기!
- 신나게 즐기기!
- 즐겁게 일하기!
- 사랑과 우정 사이!
- 세상 속으로 외출!
- 자연을 찾아서!
- 왕기초 단어왕!

차례

기초부터 튼튼히!

나의 신상파악!

맛있게 먹기!

멋지게 가꾸기!

편안한 보금자리!

열심히 공부하기!

● 신나게 즐기기!

● 즐겁게 일하기!

● 사랑과 우정 사이!

● 세상 속으로 외출!

● 자연을 찾아서!

● 왕기초 단어왕!

01
기초부터 튼튼히!

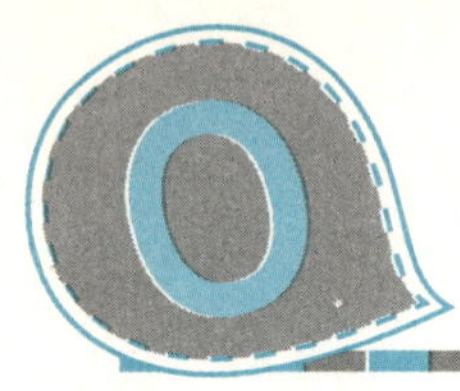

인 사

오 하 요 - 고 자 이 마 스 おはようございます。	안녕하세요? (아침 인사)
고 ㄴ 니 치 와 こんにちは。	안녕하세요? (낮 인사)
고 ㅁ 바 ㅇ 와 こんばんは。	안녕하세요? (저녁 인사)
사 요 - 나 라 さようなら。	안녕히 계세요, 안녕히 가세요.
하지 메 마 시 떼 初(はじ)めまして。	처음 뵙겠습니다.
요 로 시 꾸 오 네가 이 시 마 스 よろしくお願(ねが)いします。	잘 부탁합니다.
고 치 라 꼬 소 こちらこそ。	저야말로요.
히사 시 부 리 데 스 네 久(ひさ)しぶりですね。	오랜만이군요.
오 게 ㅇ 끼 데 스 까 お元気(げんき)ですか。	잘 지내세요?
오 까 게 사 마 데 게 ㅇ 끼 데 스 おかげさまで元気(げんき)です	덕분에 잘 지내요.

기초부터 튼튼히

나의 신상파악

맛있게 먹기

멋지게 가꾸기

편안한 보금자리

열심히 공부하기

인 사

아리가또-고자이마스 ありがとうございます。	고마워요.
도-이따시마시떼 どういたしまして。	천만에요.
스미마세ㅇ すみません。	미안해요, 고마워요.
다이죠-부 데스 大丈夫(だいじょうぶ)です。	괜찮아요.
이따다끼마스 いただきます。	잘 먹겠습니다.
고치소-사마데시따 ごちそうさまでした。	잘 먹었습니다.
이 ㅅ떼끼마스 行(い)ってきます。	다녀오겠습니다.
이 ㅅ떼이라ㅅ샤이 行(い)っていらっしゃい。	다녀오세요.
다다이마 ただいま。	다녀왔습니다.
오까에 리나사이 お帰(かえ)りなさい。	어서 오세요.

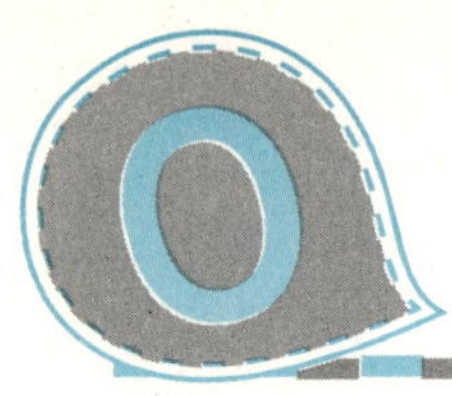

인 사

오사끼 니 시츠레－ 시마스 お先(さき)に失礼(しつれい)します。	먼저 실례하겠습니다.
고꾸로－ 사마데시따 ご苦労(くろう)さまでした。	수고하셨어요.
오츠까 레사마데시따 お疲(つか)れさまでした。	수고하셨습니다.
오메데또－고자이마스 おめでとうございます。	축하합니다.
쵸ㅅ또마ㅅ떼꾸다사이 ちょっと待(ま)ってください。	잠깐만 기다려 주세요.
오마 따세시마시따 お待(ま)たせしました。	오래 기다리셨습니다.
고메ㄴ나사이 ごめんなさい。	미안해요.
모－ 시와께 아리마세ㅇ 申(もう)し訳(わけ)ありません。	죄송합니다.
시츠레－ 시마시따 失礼(しつれい)しました。	실례했습니다.
기 니시나이데꾸다사이 気(き)にしないでください。	신경 쓰지 마세요.

인 사

와 까 리 마 시 따 分(わ)かりました。	알겠습니다.
게 ㄱ 꼬 - 데 스 結構(けっこう)です。	됐어요.
가 마 이 마 세 ㅇ 構(かま)いません。	괜찮아요.
치 가 이 마 스 違(ちが)います。	아니에요.
마 따 아 이 마 쇼 - また会(あ)いましょう。	또 만나요.
마 따 아 시 따 また、明日(あした)。	내일 또 만나요.
오 세 와 니 나 리 마 시 따 お世話(せわ)になりました。	신세 많이 졌습니다.
오 세 와 니 나 ㅅ 떼 오 리 마 스 お世話(せわ)になっております。	신세 지고 있습니다.
도 - 모 どうも。	감사합니다.
도 - 조 どうぞ。	어서 드세요. 어서 하세요.

지 시

고레 **これ** 이것	소레 **それ** 그것
아레 **あれ** 저것	도레 **どれ** 어느 것
고꼬 **ここ** 여기, 이곳	소꼬 **そこ** 거기, 그곳
아소꼬 **あそこ** 저기, 저곳	도꼬 **どこ** 어디, 어느곳
고치라 **こちら** 이쪽	소치라 **そちら** 그쪽
아치라 **あちら** 저쪽	도치라 **どちら** 어느 쪽

고노	소노	아노	도노
この	**その**	**あの**	**どの**
이	그	저, 그	어느

고ㅅ치	소ㅅ치	아ㅅ치	도ㅅ치
こっち	**そっち**	**あっち**	**どっち**
이쪽	그쪽	저쪽	어느 쪽

숫 자

발음	일본어	한자	뜻
제로	ゼロ	zero	제로, 0
이치	いち	一	1, 하나
니	に	二	2, 둘
상ㄴ	さん	三	3, 셋
시	し	四	4, 넷
요ㄴ	よん	四	4, 넷
고	ご	五	5, 다섯
로꾸	ろく	六	6, 여섯
시치	しち	七	7, 일곱
나나	なな	七	7, 일곱
하치	はち	八	8, 여덟
큐–	きゅう	九	9, 아홉
구	く	九	9, 아홉
쥬–	じゅう	十	10, 열

숫자

쥬-이치
じゅういち
十一　11

쥬-요ㄴ
じゅうよん
十四　14

사ㄴ쥬-
さんじゅう
三十　30

요ㄴ쥬-
よんじゅう
よ四十　40

니햐꾸
にひゃく
二百　200, 이백

마ㄴ
まん
万　10000, 만

쥬-니
じゅうに
十二　12

쥬-사ㄴ
じゅうさん
十三　13

니쥬-
にじゅう
二十　20

햐꾸
ひゃく
百　100, 백

세ㄴ
せん
千　1000, 천

오꾸
おく
億　억

개수, 나이

히또츠 ひとつ 一つ　한 개, 한 살	후따츠 ふたつ 二つ　두 개, 두 살
	미ㅅ츠 みっつ 三つ　세 개, 세 살
요ㅅ츠 よっつ 四つ　네 개, 네 살	이츠츠 いつつ 五つ　다섯 개, 다섯 살
무ㅅ츠 むっつ 六つ　여섯 개, 여섯 살	나나츠 ななつ 七つ　일곱 개, 일곱 살
야ㅅ츠 やっつ 八つ　여덟 개, 여덟 살	고꼬노츠 ここのつ 九つ　아홉 개, 아홉 살
토- とお 十　열 개, 열 살	나ㅇ꼬 なんこ 何個　몇 개
이꾸츠 いくつ 幾つ　몇 개, 몇 살	나ㄴ사이 なんさい 何歳　몇 살

인 원

히또 **ひと** 人 사람	히또리 **ひとり** 一人 한 사람, 한 명
후따리 **ふたり** 二人 두 사람, 두 명	사ㄴ니ㅇ **さんにん** 三人 세 명
	요니ㅇ **よにん** 四人 네 명
고니ㅇ **ごにん** 五人 다섯 명	로꾸니ㅇ **ろくにん** 六人 여섯 명
시치니ㅇ **しちにん** 七人 일곱 명	하치니ㅇ **はちにん** 八人 여덟 명
큐-니ㅇ **きゅうにん** 九人 아홉 명	나ㄴ니ㅇ **なんにん** 何人 몇 명
쥬-니ㅇ **じゅうにん** 十人 열 명	

기초부터 튼튼히 | 나의 신상파악 | 맛있게 먹기 | 멋지게 가꾸기 | 편안한 보금자리 | 열심히 공부하기

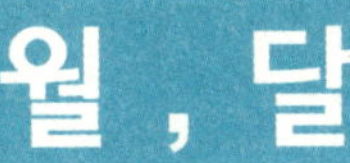

월, 달

5

이치가츠 **いちがつ** 一月 1월	니가츠 **にがつ** 二月 2월
사ㅇ가츠 **さんがつ** 三月 3월	시가츠 **しがつ** 四月 4월
고가츠 **ごがつ** 五月 5월	로꾸가츠 **ろくがつ** 六月 6월
시치가츠 **しちがつ** 七月 7월	하치가츠 **はちがつ** 八月 8월
구가츠 **くがつ** 九月 9월	쥬-가츠 **じゅうがつ** 十月 10월
쥬-이치가츠 **じゅういちがつ** 十一月 11월	쥬-니가츠 **じゅうにがつ** 十二月 12월
나ㅇ가츠 **なんがつ** 何月 몇 월	가레ㄴ다- **カレンダー** calendar 캘린더, 달력

날 짜

발음	일본어	한자	뜻
츠이따치	ついたち	一日	1일, 초하루
후츠까	ふつか	二日	2일
미ㄱ까	みっか	三日	3일
요ㄱ까	よっか	四日	4일
이츠까	いつか	五日	5일
무이까	むいか	六日	6일
나노까	なのか	七日	7일
요-까	ようか	八日	8일
고꼬노까	ここのか	九日	9일
도-까	とおか	十日	10일
쥬-요ㄱ까	じゅうよっか	十四日	14일
쥬-시치니치	じゅうしちにち	十七日	17일
쥬-꾸니치	じゅうくにち	十九日	19일
하츠까	はつか	二十日	20일

요 일

발음	일본어	한자	뜻
게츠요-비	げつようび	月曜日	월요일
가요-비	かようび	火曜日	화요일
스이요-비	すいようび	水曜日	수요일
모꾸요-비	もくようび	木曜日	목요일
기ㅇ요-비	きんようび	金曜日	금요일
도요-비	どようび	土曜日	토요일
니치요-비	にちようび	日曜日	일요일
요-비	ようび	曜日	요일
나ㅇ요-비	なんようび	何曜日	무슨 요일
슈-마츠	しゅうまつ	週末	주말
이ㅅ슈-까ㄴ	いっしゅうかん	一週間	일주일
고ㄴ슈-	こんしゅう	今週	이번 주
세ㄴ슈-	せんしゅう	先週	지난주
라이슈-	らいしゅう	来週	다음주

시 간

발음	일본어	한자	뜻
이치지	いちじ	一時	1시
니지	にじ	二時	2시
사ㄴ지	さんじ	三時	3시
요지	よじ	四時	4시
고지	ごじ	五時	5시
로꾸지	ろくじ	六時	6시
시치지	しちじ	七時	7시
하치지	はちじ	八時	8시
구지	くじ	九時	9시
쥬-지	じゅうじ	十時	10시
쥬-이치지	じゅういちじ	十一時	11시
쥬-니지	じゅうにじ	十二時	12시
하ㄴ	はん	半	반
나ㄴ지	なんじ	何時	몇 시

위 치

우에 **うえ** 上 위	시따 **した** 下 아래
마에 **まえ** 前 앞	우시로 **うしろ** 後ろ 뒤
미기 **みぎ** 右 오른쪽	히다리 **ひだり** 左 왼쪽
나까 **なか** 中 안, 속	마ㄴ나까 **まんなか** 真ん中 한가운데
요꼬 **よこ** 横 옆	
소꼬 **そこ** 底 바닥, 밑	소또 **そと** 外 밖, 바깥
치까꾸 **ちかく** 近く 근처	아이다 **あいだ** 間 사이

10 날

교-
きょう
今日　오늘

아시따
あした
明日　내일

아사ㅅ떼
あさって
明後日　모레

교네ㄴ
きょねん
去年　작년

오또또시
おととし
一昨年　재작년

세ㅇ게츠
せんげつ
先月　지난달

기노-
きのう
昨日　어제

오또또이
おととい
一昨日　그저께

고또시
ことし
今年　올해

라이네ㄴ
らいねん
来年　내년

고ㅇ게츠
こんげつ
今月　이번 달

라이게츠
らいげつ
来月　다음달

하 루

아사
あさ
朝 아침

히루
ひる
昼 낮, 점심

유-가따
ゆうがた
夕方 저녁

요루
よる
夜 밤

게사
けさ
今朝 오늘 아침

이치니치
いちにち
一日 하루

히루마
ひるま
昼間 점심

고제ㄴ
ごぜん
午前 오전

고고
ごご
午後 오후

요나까
よなか
夜中 밤중

마이니치
まいにち
毎日 매일

이츠
いつ
언제

02

나의 신상파악!

12 인칭

와따시 **わたし** 私 나	아나따 **あなた** 당신
보꾸 **ぼく** 僕 나	기미 **きみ** 君 너
가레 **かれ** 彼 그	
가노죠 **かのじょ** 彼女 그녀	오레 **おれ** 俺 나
와따꾸시 **わたくし** 私 저	오마에 **おまえ** お前 너
기미따치 **きみたち** 君たち 너희들	와따시따치 **わたしたち** 私たち 우리
기무사ㅇ **キムさん** 김○○씨	다나까사ㅇ **たなかさん** 田中さん 다나까씨

가 족

하하 はは 母 어머니	오까-사ㅇ おかあさん お母さん 어머니
치치 ちち 父 아버지	
오또-사ㅇ おとうさん お父さん 아버지	소보 そぼ 祖母 할머니
소후 そふ 祖父 할아버지	오바-사ㅇ おばあさん お祖母さん 할머니
	오지-사ㅇ おじいさん お祖父さん 할아버지
아니 あに 兄 형, 오빠	오니-사ㅇ おにいさん お兄さん 형, 오빠
아네 あね 姉 누나, 언니	오네-사ㅇ おねえさん お姉さん 누나, 언니

가 족

오또-또
おとうと
弟 남동생

오ㅅ또
おっと
夫 남편

오ㄱ사ㅇ
おくさん
奥さん 부인

무스꼬
むすこ
息子 아들

교-다이
きょうだい
兄弟 형제, 남매

료-시ㅇ
りょうしん
両親 양친

이모-또
いもうと
妹 여동생

고슈지ㅇ
ごしゅじん
ご主人 남편분

츠마
つま
妻 아내

무스메
むすめ
娘 딸

오야
おや
親 부모

마고
まご
孫 손자

성 장

아까짜ㅇ

あかちゃん

赤ちゃん 갓난아기

고도모

こども

子供 어린이

쇼-죠

しょうじょ

少女 소녀

쇼-네ㄴ

しょうねん

少年 소년

와까모노

わかもの

若者 젊은이

세-쇼-네ㄴ

せいしょうねん

青少年 청소년

세-지ㄴ

せいじん

成人 성인

세-네ㄴ

せいねん

青年 청년

오또시요리

おとしより

お年寄り

노인

오또나

おとな

大人 어른

오또꼬노히또

おとこのひと

男の人 남성

오ㄴ나노히또

おんなのひと

女の人 여성

15 신 분

쇼-가ㄱ세- しょうがくせい 小学生 초등학생	츄-가ㄱ세- ちゅうがくせい 中学生 중학생
고-꼬-세- こうこうせい 高校生 고등학생	세-또 せいと 生徒 중고생
가ㄱ세- がくせい 학생 学生	다이가ㄱ세- だいがくせい 大学生 대학생
	가ㄱ슈-샤 がくしゅうしゃ 学習者 학습자
지도- じどう 児童 아동	오ㄴ나 おんな 女 여자
미꼬ㄴ みこん 未婚 미혼	오또꼬 おとこ 男 남자
슈후 しゅふ 主婦 주부	

얼 굴

가오 **かお** 顔 얼굴	메 **め** 目 눈
미미 **みみ** 耳 귀	구치 **くち** 口 입
	호- **ほお** 頬 볼, 뺨
하나 **はな** 鼻 코	시따 **した** 舌 혀
하 **は** 歯 이	
히따이 **ひたい** 額 이마	구치비루 **くちびる** 唇 입술
아고 **あご** 顎 턱	히게 **ひげ** 髭 수염

신 체

아따마
あたま
頭 머리

무네
むね
胸 가슴

가따
かた
肩 어깨

고시
こし
腰 허리

시리
しり
尻 엉덩이

우데
うで
腕 팔

구비
くび
首 목

노도
のど
喉 목, 목구멍

오나까
おなか
お腹 배

세나까
せなか
背中 등

데
て
手 손

아시
あし
足 발, 다리

인 체

가라다	니꾸
からだ	にく
体 몸	肉 살
치	호네
ち	ほね
血 피	骨 뼈
기ㄴ니꾸	
きんにく	
筋肉 근육	
이	하다
い	はだ
胃 위	肌 피부
시ㄴ조–	가ㄴ조–
しんぞう	かんぞう
心臓 심장	肝臓 간장
	하이
	はい
	肺 폐
쵸–	다이쵸–
ちょう	だいちょう
腸 장	大腸 대장

19 신체현상

고에 こえ 声 목소리	네츠 ねつ 熱 열
나미다 なみだ 涙 눈물	츠바 つば 唾 침
	구샤미 くしゃみ 재채기
아세 あせ 汗 땀	오시ㄱ꼬 おしっこ 오줌
이끼 いき 息 숨	오나라 おなら 屁 방귀
아꾸비 あくび 하품	
샤ㄱ꾸리 しゃっくり 딸꾹질	우ㄴ치 うんち 똥

기초부터 튼튼히 | 나의 신상파악 | 맛있게 먹기 | 멋지게 가꾸기 | 편안한 보금자리 | 열심히 공부하기

외 모

세
せ
背 키

다까이
たかい
高い 높다

히꾸이
ひくい
低い 작다

시ㄴ쵸-
しんちょう
身長 신장

가ㄱ꼬-이이
かっこういい
멋있다

가와이이
かわいい
예쁘다, 귀엽다

오샤레다
おしゃれだ
멋쟁이다

우쯔꾸시이
うつくしい
美しい 아름답다

다이쥬-
たいじゅう
体重
몸무게

스떼끼다
すてきだ
素敵だ 멋지다

하ㄴ사무다
ハンサムだ
handsomeだ 핸섬하다

미니꾸이
みにくい
醜い 추하다

21 성격

야사시이 **やさしい** 優しい　상냥하다	시ㄴ세츠다 **しんせつだ** 親切だ　친절하다
마지메다 **まじめだ** 真面目だ　성실하다	
세ㄱ꾜ㄱ떼끼다 **せっきょくてきだ** 積極的だ　적극적이다	아까루이 **あかるい** 明るい　밝다
다ㄴ끼다 **たんきだ** 短気だ　급하다	우치끼다 **うちきだ** 内気だ　내성적이다
오치츠이떼이루 **おちついている** 落ち着いている　차분하다 	스나오다 **すなおだ** 素直だ　순수하다 오또나시이 **おとなしい** 얌전하다, 점잖다
쵸ㅡ쇼 **ちょうしょ** 長所　장점	다ㄴ쇼 **たんしょ** 短所　단점

기초부터 튼튼히
나의 신상파악
맛있게 먹기
멋지게 가꾸기
편안한 보금자리
열심히 공부하기

인 생

우마레루	うまれる	生まれる	태어나다
다ㄴ죠-비	たんじょうび	誕生日	생일
세-네ㅇ가ㅂ삐	せいねんがっぴ	生年月日	생년월일
뉴-가꾸	にゅうがく	入学	입학
소ㅊ교-	そつぎょう	卒業	졸업
시ㅇ가꾸	しんがく	進学	진학
슈-쇼꾸	しゅうしょく	就職	취직
게ㄱ꼬ㅇ	けっこん	結婚	결혼
니ㄴ시ㄴ	にんしん	妊娠	임신
다이쇼꾸	たいしょく	退職	퇴직
가ㄴ레끼	かんれき	還暦	환갑
시누	しぬ	死ぬ	죽다
소-시끼	そうしき	葬式	장례식

일상동작

하미가끼 はみがき 歯磨き 양치	센가앙 せんがん 洗顔 세수
샤와- シャワー shower 샤워	오후로 おふろ お風呂 목욕, 욕조
오끼루 おきる 起きる 일어나다	
기루 きる 着る 입다	다베루 たべる 食べる 먹다
하나스 はなす 話す 이야기하다	미루 みる 見る 보다
네루 ねる 寝る 자다	아소부 あそぶ 遊ぶ 놀다
	야스무 やすむ 休む 쉬다

기초부터 튼튼히
나의 신상파악
맛있게 먹기
멋지게 가꾸기
편안한 보금자리
열심히 공부하기

기 분

다노시이	기분ㄴ
たのしい	きぶん
楽しい　즐겁다	気分　기분
	기모치
	きもち
	気持ち　기분
우레시이	사비시이
うれしい	さびしい
嬉しい　기쁘다	寂しい　외롭다
가나시이	하즈까시이
かなしい	はずかしい
悲しい　슬프다	恥ずかしい　부끄럽다
구루시이	고와이
くるしい	こわい
苦しい　괴롭다	怖い　무섭다
오소로시이	
おそろしい	
恐ろしい　두렵다	
우라야마시이	나츠까시이
うらやましい	なつかしい
羨ましい　부럽다	懐かしい　그립다

감 정

고꼬로
こころ
心 마음

기라이다
きらいだ
嫌いだ 싫어하다

다이끼라이다
だいきらいだ
大嫌いだ 매우 싫어하다

오모시로이
おもしろい
面白い 재미있다

시아와세다
しあわせだ
幸せだ 행복하다

와라우
わらう
笑う 웃다

가ㄴ지루
かんじる
感じる 느끼다

스끼다
すきだ
好きだ 좋아하다

다이스끼다
だいすきだ
大好きだ 매우 좋아하다

츠마라나이
つまらない
재미없다

자ㄴ네ㄴ다
ざんねんだ
残念だ 유감스럽다

나꾸
なく
泣く 울다

03

맛있게 먹기!

음 식

다베모노 たべもの 食べ物　음식	고항 ごはん 御飯　밥
오까즈 おかず 반찬	
오니꾸 おにく お肉　고기	오까유 おかゆ お粥　죽
부따니꾸 ぶたにく 豚肉　돼지고기	규-니꾸 ぎゅうにく 牛肉　소고기
다마고 たまご 卵　달걀, 계란	도리니꾸 とりにく 鶏肉　닭고기
	야사이 やさい 野菜　야채
구다모노 くだもの 果物　과일	사까나 さかな 魚　생선

식 사

쇼꾸지 しょくじ 食事　식사	아사고하ㄴ あさごはん 朝御飯　아침밥
히루고하ㅇ ひるごはん 昼御飯　점심밥	유-고하ㅇ ゆうごはん 夕御飯　저녁밥
	바ㅇ고하ㅇ ばんごはん 晩御飯　저녁밥
오베ㄴ또- おべんとう お弁当　도시락	와쇼꾸 わしょく 和食　일식
가이쇼꾸 がいしょく 外食　외식	요-쇼꾸 ようしょく 洋食　양식
가ㄴ쇼꾸 かんしょく 間食　간식	데마에 でまえ 出前　주문배달 요리
오야츠 おやつ 오후 간식	

음 료

미즈	고-히-
みず	**コーヒー**
水 물	coffee 커피
규-뉴-	오쨔
ぎゅうにゅう	**おちゃ**
牛乳 우유	お茶 차
고-쨔	
こうちゃ	
紅茶 홍차	
쥬-스	요-구루또
ジュース	**ヨーグルト**
juice 주스	yogurt 요구르트
아이스꼬-히-	사이다-
アイスコーヒー	**サイダー**
ice coffee 아이스커피	cider 사이다
	고-라
	コーラ
	cola 콜라
고꼬아	아이스띠-
ココア	**アイスティー**
cocoa 코코아	ice tea 아이스티

기초부터 튼튼히
나의 신상파악
맛있게 먹기
멋지게 가꾸기
편안한 보금자리
열심히 공부하기

디저트

데자-또
デザート
dessert 디저트, 후식

케-끼
ケーキ
cak 케이크

쿠ㄱ끼-
クッキー
cooki 쿠키

아이스꾸리-무
アイスクリーム
ice cream 아이스크림

쵸꼬레-또
チョコレート
chocolate 초콜릿

푸리ㅇ
プリン
pudding 푸딩

오모치
おもち
お餅 떡

도-나츠
ドーナツ
doughnut 도넛

오까시
おかし
お菓子 과자

세ㅁ베-
せんべい
전병

가무
ガム
gum 껌

요-까ㅇ
ようかん
羊羹 양갱

일 식

사시미

さしみ

刺身 생선회

우도ㅇ

うどん

우동

샤부샤부

しゃぶしゃぶ

샤부샤부

소바

そば

蕎麦 메밀, 메밀국수

오꼬노미야끼

おこのみやき

お好み焼き 오꼬노미야끼

규-도ㅇ

ぎゅうどん

牛丼 소고기덮밥

스시

すし

寿司 생선초밥

오니기리

おにぎり

주먹밥

도ㅁ부리

どんぶり

丼 덮밥

스끼야끼

すきやき

すき焼き 전골

야끼소바

やきそば

焼きそば 야끼소바

데ㅁ뿌라

てんぷら

天ぷら 튀김

양 식

스떼-끼
ステーキ
steak 스테이크

피자
ピザ
pizza 피자

하ㅁ바-가-
ハンバーガー
hamburger 햄버거

하ㅁ바-구
ハンバーグ
hamburg steak 함박스테이크

호ㅅ또도ㄱ구
ホットドッグ
hot dog 핫도그

스-뿌
スープ
soup 수프

가레-
カレー
curr 카레

사ㄴ도이ㅅ치
サンドイッチ
sandwich 샌드위치

스빠게ㅅ띠
スパゲッティ
spaghett 스파게티

시츄-
シチュー
stew 스튜

사라다
サラダ
salad 샐러드

바-베뀨-
バーベキュー
barbecue 바비큐

32 한 식

비비ㅁ빠
ビビンパ
비빔밥

사무게따ㅇ
サムゲタン
삼계탕

고무따ㅇ
コムタン
곰탕

레-메ㄴ
れいめん
冷麵 냉면

치게
チゲ
찌개

도ㅂ뽀기
トッポギ
떡볶이

푸루고기
プルコギ
불고기

쿠ㅂ빠
クッパ
국밥

가루비
カルビ
갈비

치지미
チヂミ
부침개

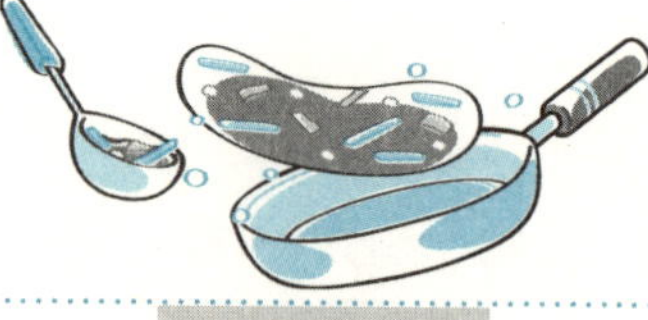

기무치
キムチ
김치

가ㄴ떼-쇼꾸
かんていしょく
韓定食 한정식

기초부터 튼튼히
나의 신상파악
맛있게 먹기
멋지게 가꾸기
편안한 보금자리
열심히 공부하기

외식

가이쇼꾸 **がいしょく** 外食 외식	료-리 **りょうり** 料理 음식
데-쇼꾸 **ていしょく** 定食 정식	바이낑그 **バイキング** Viking 뷔페
메뉴- **メニュー** menu 메뉴	츄-모ㄴ **ちゅうもん** 注文 주문
가ㄴ죠- **かんじょう** 勘定 계산	
와리까ㅇ **わりかん** 割り勘 각자 부담, 추렴	료-슈-쇼 **りょうしゅうしょ** 領収書 영수증
시하라우 **しはらう** 지불하다	세루후사-비스 **セルフサービス** self-service 셀프서비스
	오고루 **おごる** 한턱 내다

채 소

쟈가이모
じゃがいも
じゃが芋 감자

피-마ㅇ
ピーマン
pimen 피망

니ㄴ지ㄴ
にんじん
人参 당근

큐-리
きゅうり
오이

다마네기
たまねぎ
玉ねぎ 양파

다이꼬ㅇ
だいこん
大根 무

사쯔마이모
さつまいも
さつま芋 고구마

도마또
トマト
tomato 토마토

캬베츠
キャベツ
cabbage 양배추

도-모로꼬시
とうもろこし
옥수수

나스
なす
가지

하ㄱ사이
はくさい
白菜 배추

과 일

바나나 バナナ banana 바나나	이치고 いちご 딸기
미깡 みかん 蜜柑 귤	
모모 もも 桃 복숭아	스이까 すいか 西瓜 수박
링고 りんご 사과	부도- ぶどう 葡萄 포도
	오렌지 オレンジ orange 오렌지
메론 メロン melon 멜론	키우이 キウイ kiwi 키위
레몬 レモン lemon 레몬	나시 なし 梨 배

36 곡식

무기
むぎ
麦　보리

아즈끼
あずき
小豆　팥

료ㄱ또ㅡ
りょくとう
緑豆　녹두

에ㄴ도ㅡ마메
えんどうまめ
えんどう豆　완두콩

고마
ごま
胡麻　깨

다네
たね
種　씨앗

고무기
こむぎ
小麦　밀

고메
こめ
米　쌀

마메
まめ
豆　콩

다이즈
だいず
大豆　대두

소바
そば
蕎麦　메밀

가와
かわ
皮　껍질

술

오사께 おさけ お酒 술	비-루 ビール beer 맥주
와이ㄴ ワイン wine 와인	우이스끼- ウイスキー whiskey 위스키
쇼-츄- しょうちゅう 焼酎 소주	니호ㄴ슈 にほんしゅ 日本酒 청주
미즈와리 みずわり 水割り 희석주	
나마비-루 なまビール 生ビール 생맥주	도부로꾸 どぶろく 막걸리
카ㄱ떼루 カクテル cocktail 칵테일	츄-하이 ちゅうハイ 酎ハイ 칵테일소주
	오츠마미 おつまみ 술안주

조미료

사또-

さとう

砂糖　설탕

시오

しお

塩　소금

오스

おす

お酢　식초

와사비

わさび

와사비

게짜ㅂ뿌

ケチャップ

ketchup
케첩

사라다유

サラダゆ

サラダ油　식용유

쇼-유

しょうゆ

醤油　간장

고쇼-

こしょう

胡椒　후추

미소

みそ

味噌　일본 된장

소-스

ソース

sauce　소스

마요네-즈

マヨネーズ

mayonnais　마요네즈

고마아부라

ごまあぶら

胡麻油　참기름

맛

아지
あじ
味 맛

우마이
うまい
맛있다

아마이
あまい
甘い 달다

가라이
からい
辛い 맵다

우스이
うすい
薄い 싱겁다

스빠이
すっぱい
酸っぱい 시다

오이시이
おいしい
맛있다

마즈이
まずい
맛없다

시오까라이
しおからい
塩辛い 짜다

고이
こい
濃い 진하다

니가이
にがい
苦い 쓰다

쇼빠이
しょっぱい
짜다

40 요　리

가루
きる
切る　자르다

무스
むす
蒸す　찌다

니루
にる
煮る　삶다, 끓이다

유데루
ゆでる
茹でる　삶다

아따따메루
あたためる
温める　데우다

츠요비
つよび
強火　강한 불

아라우
あらう
洗う　씻다

마제루
まぜる
混ぜる　섞다

이따메루
いためる
炒める　볶다

아게루
あげる
揚げる　튀기다

야꾸
やく
焼く　굽다

요와비
よわび
弱火　약한 불

식사도구

오사라

おさら

皿　접시

하시

はし

箸　젓가락

훠-꾸

フォーク

fork　포크

고ㅂ뿌

コップ

cup　컵(손잡이 없는)

구라스

グラス

glass　잔, 글라스

챠와ㅇ

ちゃわん

茶碗　밥공기

우츠와

うつわ

器　그릇

스뿌-ㄴ

スプーン

spoon　스푼, 숟가락

나이후

ナイフ

knife　칼

카ㅂ뿌

カップ

cup　컵(손잡이 달린)

오보ㅇ

おぼん

お盆　쟁반

오와ㅇ

おわん

お椀　국그릇

04
멋지게 가꾸기!

42 복 장

후꾸

ふく

服 옷

요-후꾸

ようふく

洋服 옷

와ㄴ삐-스

ワンピース

one-piece

원피스

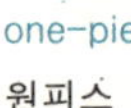

세비로

せびろ

背広 양복

쟈께ㅅ또

ジャケット

jacket 재킷

스-츠

スーツ

suit 여성 정장

세-따-

セーター

sweater

스웨터

고-또

コート

coat 코트

우와기

うわぎ

上着 상의

샤츠

シャツ

shirts 셔츠

스까-또

スカート

skirt 스커트, 치마

즈보ㄴ

ズボン

jupon 바지

잡 화

가바ㅇ
かばん
鞄 가방

바ㄱ구
バッグ
bag 백

데부꾸로
てぶくろ
手袋 장갑

네ㄱ따이
ネクタイ
necktie 넥타이

베루또
ベルト
belt 벨트

구츠시따
くつした
靴下 양말

사이후
さいふ
財布 지갑

보-시
ぼうし
帽子 모자

스까-후
スカーフ
scarf 스카프

하ㅇ까치
ハンカチ
handkerchief 손수건

구츠
くつ
靴 신발

메가네
めがね
眼鏡 안경

액세서리

네ㄱ꾸레스 ネックレス necklace 목걸이	유비와 ゆびわ 指輪 반지
이야리ㅇ구 イヤリング earring 귀걸이(안 뚫는)	피아스 ピアス pierce 귀걸이(뚫는)
부로-치 ブローチ brooch 브로치	
기ㄴ きん 金 금	기ㄴ ぎん 銀 은
다이야 ダイヤ dia 다이아	루비- ルビー ruby 루비
	혼ㅁ모노 ほんもの 本物 천연
아ㄱ세사리- アクセサリー accessory 액세서리	푸라치나 プラチナ platinum 백금

기초부터 튼튼히
나의 신상파악
맛있게 먹기
멋지게 가꾸기
편안한 보금자리
열심히 공부하기

미 용

세ㄱ께ㄴ **せっけん** 石鹸 비누	고-스이 **こうすい** 香水 향수
하부라시 **はブラシ** 歯ブラシ 칫솔	
가미소리 **かみそり** 剃刀 여성용 면도기	다오루 **タオル** towel 타월
가가미 **かがみ** 鏡 거울	히게소리 **ひげそり** 髭剃り 남성용 면도기
 	세ㅇ가ㄴ자이 **せんがんざい** 洗顔剤 세안제
하미가끼꼬 **はみがきこ** 歯磨き粉 치약	파ㄱ꾸 **パック** pack 팩
에스떼 **エステ** esthetique 피부 관리	마ㅅ사-지 **マッサージ** massage 마사지

헤 어

도라이야-

ドライヤー

drier　드라이어

헤아부라시

ヘアブラシ

hairbrush　헤어브러시

리ㄴ스

リンス

rinse　린스

와ㄱ끄스

ワックス

wax　왁스

제루

ジェル

gel　젤

구시

くし

櫛　빗

무-스

ムース

mousse　무스

샤ㅁ뿌-

シャンプー

shampoo　샴푸

도리-또메ㄴ또

トリートメント

treatment　트리트먼트

가ㅅ또

カット

cut　커트

파-마

パーマ

permanent　파마

가라-리ㅇ구

カラーリング

coloring　염색

기초부터 튼튼히 / 나의 신상파악 / 맛있게 먹기 / 멋지게 가꾸기 / 편안한 보금자리 / 열심히 공부하기

화장품

게쇼-스이 けしょうすい 化粧水 스킨	뉴-에끼 にゅうえき 乳液 로션
구리-무 クリーム cream 크림	마니큐아 マニキュア manicure 매니큐어
시따지 したじ 下地 메이컵베이스	
구치베니 くちべに 口紅 립스틱	비요-에끼 びようえき 美容液 에센스
	화ㄴ데-쇼ㄴ ファンデーション foundation 파운데이션
아이샤도- アイシャドー eye shadow 아이섀도우	마스까라 マスカラ mascara 마스카라
구레ㄴ지ㅇ구 クレンジング cleansing cream 클린징	아이라이나- アイライナー eyeliner 아이라이너

48 색 깔

이로 **いろ** 色 색깔	아까 **あか** 赤 빨간색
미도리이로 **みどりいろ** 緑色 녹색	아까이 **あかい** 赤い 빨갛다
	시로 **しろ** 白 흰색
아오 **あお** 青 파란색	시로이 **しろい** 白い 희다
아오이 **あおい** 青い 파랗다	기이로 **きいろ** 黄色 노란색
구로 **くろ** 黒 검은색	
구로이 **くろい** 黒い 검다	기이로이 **きいろい** 黄色い 노랗다

05
편안한 보금자리!

주 거

이에

いえ

家 집

마ㄴ쇼ㄴ

マンション

mansion 아파트

료-

りょう

寮 기숙사

스마이

すまい

住まい 주거지

이ㄱ꼬다떼

いっこだて

一戸建て 단독주택

오오야사ㅇ

おおやさん

大家さん 집주인

아빠-또

アパート

apartment 맨션(연립 주택)

와ㄴ루-무

ワンルーム

one-room 원룸

쥬-쇼

じゅうしょ

住所 주소

야치ㅇ

やちん

家賃 집세

히아따리

ひあたり

日当り 채광

미나미무끼

みなみむき

南向き 남향

집

게ㅇ까ㄴ

げんかん

玄関　현관

마도

まど

窓　창문

헤야

へや

部屋　방

시ㄴ시츠

しんしつ

寝室　침실

바스루-무

バスルーム

bathroom　욕실

니와

にわ

庭　마당

도아

ドア

doo　문

가베

かべ

壁　벽

이마

いま

居間　거실

도이레

トイレ

toilet　화장실

오-세츠마

おうせつま

応接間　응접실

야네

やね

屋根　지붕

가 구

가구 **かぐ** 家具 가구	츠꾸에 **つくえ** 机 책상
이스 **いす** 椅子 의자	혼다나 **ほんだな** 本棚 책장
	테-부루 **テーブル** table 테이블
소화- **ソファー** sofa 소파	오시이레 **おしいれ** 押し入れ 이불장
벳도 **ベッド** bed 침대	도렛사- **ドレッサー** dresser 화장대
단스 **たんす** 서랍장	
요-후꾸단스 **ようふくだんす** 洋服だんす 옷장	구로-젯또 **クローゼット** closet 옷장

기초부터 튼튼히 | 나의 신상파악 | 맛있게 먹기 | 멋지게 가꾸기 | 편안한 보금자리 | 열심히 공부하기

가전제품

데레비

テレビ

television 텔레비전

에아꼬ㄴ

エアコン

air conditioner 냉난방기

레-조-꼬-

れいぞうこ

冷蔵庫 냉장고

소-지끼

そうじき

掃除機 청소기

비데오

ビデオ

video 비디오

스떼레오

ステレオ

stereo 오디오

라지오

ラジオ

radio 라디오

쿠-라-

クーラー

cooler 에어컨

세ㄴ따꾸끼

せんたくき

洗濯機 세탁기

카메라

カメラ

camera 카메라

미시ㅇ

ミシン

sewing machine 재봉틀

아이로ㄴ

アイロン

iron 다리미

부 엌

다이도꼬로

だいどころ

台所　부엌

후라이빠ㄴ

フライパン

frypan　프라이팬

도-스따-

トースター

toaster

토스터

오-부ㄴ

オーブン

oven　오븐

가스레ㄴ지

ガスレンジ

gas range　가스레인지

호-쵸-

ほうちょう

包丁　식칼

나베

なべ

鍋　냄비

야까ㄴ

やかん

薬缶　주전자

데ㄴ시레ㄴ지

でんしレンジ

電子レンジ　전자레인지

시ㅇ꾸

シンク

sink　싱크대

스이하ㅇ끼

すいはんき

炊飯器

전기밥솥

쇼ㄱ따꾸

しょくたく

食卓　식탁

침 실

가-떼ㄴ
カーテン
curtain 커튼

마꾸라
まくら
枕 베개

시-츠
シーツ
sheet 침대시트

스따ㄴ도
スタンド
stand
스탠드

가우ㄴ
ガウン
gown 가운

모-후
もうふ
毛布 담요

쿠ㅅ쇼ㄴ
クッション
cushion 쿠션

베ㅅ도
ベッド
ベッド 침대

후또ㅇ
ふとん
布団 이부자리

하ㅇ가-
ハンガー
hanger 옷걸이

파쟈마
パジャマ
pajama 파자마

시따기
したぎ
下着 속옷

집안일

소-지	そうじ	掃除	청소
사라아라이	さらあらい	皿洗い	설거지
고미바꼬	ごみばこ	ごみ箱	쓰레기통
후끼ㄴ	ふきん	布巾	행주
하따끼	はたき		먼지떨이
스뽀ㄴ지	スポンジ	sponge	수세미
세ㄴ따꾸	せんたく	洗濯	세탁
호-끼	ほうき		빗자루
치리또리	ちりとり	ちり取り	쓰레받기
조-끼ㄴ	ぞうきん	雑巾	걸레
세ㄴ자이	せんざい	洗剤	세제
다와시	たわし		철수세미

생활용품

가기

かぎ

鍵　열쇠

가나즈치

かなづち

金づち　망치

도라이바-

ドライバー

driver　드라이버

마ㅅ치

マッチ

match　성냥

가ㄴ데ㄴ치

かんでんち

乾電池　건전지

하리

はり

針　바늘

구기

くぎ

釘　못

네지

ねじ

나사

데ㄴ또-

でんとう

電灯　전등

라이따-

ライター

lighter　라이터

로-소꾸

ろうそく

양초

이또

いと

糸　실

06
열심히 공부하기!

공 부

베ㅇ꾜ー

べんきょう

勉強

공부

후ㄱ슈ー

ふくしゅう

復習　복습

사ㅇ꼬ー쇼

さんこうしょ

参考書　참고서

고ー까꾸

ごうかく

合格　합격

오치루

おちる

落ちる　떨어지다

도료꾸

どりょく

努力　노력

요슈ー

よしゅう

予習　예습

우까루

うかる

受かる　합격하다

지쇼

じしょ

辞書　사전

교ー까쇼

きょうかしょ

教科書

교과서

세ㅇ꼬ー

せんこう

専攻　전공

류ー가꾸

りゅうがく

留学　유학

문 구

가미 かみ 紙 종이	노-또 ノート note 노트
페ㄴ ペン pen 펜	에ㅁ삐ㅊ えんぴつ 鉛筆 연필
샤-뿌뻬ㄴ シャープペン sharp pencil 샤프	
마ㄴ네ㅁ히츠 まんねんひつ 万年筆 만년필 	보-루뻬ㄴ ボールペン ball pen 볼펜 하사미 はさみ 가위
후데바꼬 ふでばこ 筆箱 필통	죠-기 じょうぎ 定規 자
가ㅅ따- カッター cutter 칼	게시고무 けしゴム 消しゴム 지우개

교 육

요-치에ㄴ

ようちえん

幼稚園　유치원

고-꼬-

こうこう

高校　고등학교

다ㅇ끼다이가꾸

たんきだいがく

短期大学　전문대학

다이가꾸이ㅇ

だいがくいん

大学院　대학원

세ㅁ모ㅇ가ㄱ꼬-

せんもんがっこう

専門学校　전문학원

요비꼬-

よびこう

予備校　입시학원

쇼-가ㄱ꼬-

しょうがっこう

小学校　초등학교

츄-가ㄱ꼬-

ちゅうがっこう

中学校　중학교

다ㄴ다이

たんだい

短大　전문대학

다이가꾸

だいがく

大学　대학교

소츠교-시끼

そつぎょうしき

卒業式

졸업식

뉴-가꾸시끼

にゅうがくしき

入学式　입학식

학 교

구라스 クラス class 반	구라스메-또 クラスメート classmate 반친구
다이이꾸까ㅇ たいいくかん 体育館 체육관	교-시츠 きょうしつ 教室 교실
	고-도- こうどう 講堂 강당
교-시 きょうし 教師 교사	호께ㄴ시츠 ほけんしつ 保健室 양호실
쇼꾸도- しょくどう 食堂 식당	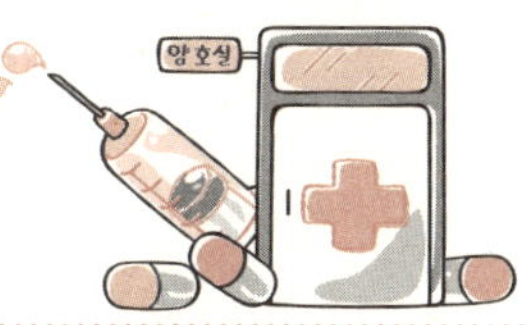
쇼꾸이ㄴ시츠 しょくいんしつ 職員室 교무실	바이떼ㄴ ばいてん 売店 매점
도쇼까ㄴ としょかん 図書館 도서관	구라우ㄴ도 グラウンド ground 운동장

수 업

시께ㄴ **しけん** 試験 시험	데스또 **テスト** test 테스트, 시험
	슈ㅅ세끼 **しゅっせき** 出席 출석
게ㅅ세끼 **けっせき** 欠席 결석	시츠모ㅇ **しつもん** 質問 질문
쥬교ー **じゅぎょう** 授業 수업	고꾸바ㄴ **こくばん** 黒板 칠판
고따에 **こたえ** 答え 대답	
레뽀ー또 **レポート** repor 레포트	슈꾸다이 **しゅくだい** 宿題 숙제
나츠야스미 **なつやすみ** 夏休み 여름방학	후유야스미 **ふゆやすみ** 冬休み 겨울방학

과 목

고꾸고
こくご
国語　국어

스-가꾸
すうがく
数学　수학

샤까이
しゃかい
社会　사회

니혼시
にほんし
日本史　국사

가가꾸
かがく
化学　화학

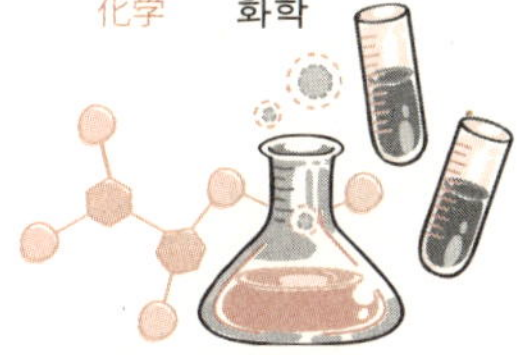

세-부츠
せいぶつ
生物　생물

에-고
えいご
英語　영어

가가꾸
かがく
科学　과학

레끼시
れきし
歴史　역사

가떼-
かてい
家庭　가정

부츠리
ぶつり
物理　물리

다이이꾸
たいいく
体育　체육

언 어

가ㅇ꼬꾸고

かんこくご

韓国語 한국어

가이꼬꾸고

がいこくご

外国語 외국어

가ㄴ지

かんじ

漢字 한자

히라가나

ひらがな

平仮名 히라가나

가이와

かいわ

会話 회화

아ㄱ세ㄴ또

アクセント

accent 악센트

에–고

えいご

英語 영어

츄–고꾸고

ちゅうごくご

中国語 중국어

니호ㅇ고

にほんご

日本語 일본어

가따까나

かたかな

片仮名 가타카나

이ㄴ또네–쇼ㄴ

イントネーション

intonation 인토네이션

게–고

けいご

敬語 경어

컴퓨터

고미쀼-따-

コンピューター

computer

컴퓨터

파소꼬ㄴ

パソコン

personal computer　개인용 컴퓨터

기-보-도

キーボード

keyboard　키보드

노-또가따빠소꼬ㄴ

ノートがたパソコン

ノート型パソコン　노트북

마우스

マウス

mouse　마우스

쿠리ㄱ꾸

クリック

click　클릭

이ㄴ따-네ㅅ또

インターネット

Internet

인터넷

사이또

サイト

site　사이트

호-무뻬-지

ホームページ

homepage　홈페이지

아이디-

アイディー

ID　아이디

아ㄴ쇼-바ㅇ고-

あんしょうばんごう

暗証番号　비밀번호

이-메-루

イーメール

E-mai　이메일

07

신나게 즐기기!

65 취 미

슈미
しゅみ
趣味 취미

오ㅇ가꾸까ㄴ쇼-
おんがくかんしょう
音楽鑑賞 음악감상

야마노보리
やまのぼり
山登り 등산

료-리
りょうり
料理 음식, 요리

파치ㅇ꼬
パチンコ
파칭코

고
ご
碁 바둑

도ㄱ쇼
どくしょ
読書 독서

사ㅁ뽀
さんぽ
散歩 산책

에-가까ㄴ쇼-
えいがかんしょう
映画鑑賞 영화감상

우ㄴ도-
うんどう
運動 운동

츠리
つり
釣り 낚시

쇼-기
しょうぎ
将棋 장기

여 행

료/꼬- りょこう 旅行 여행	다/비 たび 旅 여행
	게/-까꾸 けいかく 計画 계획
요/떼- よてい 予定 예정	야/스미노히 やすみのひ 休みの日 휴일
치/즈 ちず 地図 지도	큐/-까 きゅうか 休暇 휴가
요/야꾸 よやく 予約 예약	
캬/ㄴ세루 キャンセル cancel 취소	니/ㅅ떼- にってい 日程 일정
게/시끼 けしき 景色 경치	오/미야게 おみやげ お土産 선물

숙 박

호떼루
ホテル
hotel 호텔

체ㄱ꾸이ㄴ
チェックイン
check-in 체크인

시ㅇ구루
シングル
single 싱글룸

다부루
ダブル
double 더블룸

도마루
とまる
泊まる 숙박하다

도이아와세
といあわせ
問い合わせ 문의, 조회

료까ㄴ
りょかん
旅館 고급 여관

로비-
ロビー
lobby 로비

체ㄱ꾸아우또
チェックアウト
check-out 체크아웃

후로ㄴ또
フロント
front 프런트

츠이ㄴ
ツイン
twin 트윈룸

이ㅂ빠꾸
いっぱく
一泊 일박

공 항

구-꼬- **くうこう** 空港 공항	히꼬-끼 **ひこうき** 飛行機 비행기
파스뽀-또 **パスポート** passport 패스포트	
료께ㄴ **りょけん** 旅券 여권	비자 **ビザ** visa 비자
게-또 **ゲート** gate 게이트	고-꾸- **こうくう** 航空 항공
	고꾸나이세ㄴ **こくないせん** 国内線 국내선
고ㄱ사이세ㄴ **こくさいせん** 国際線 국제선	뉴-꼬꾸 **にゅうこく** 入国 입국
슈ㄱ꼬꾸 **しゅっこく** 出国 출국	료-가에 **りょうがえ** 両替 환전

스포츠

스께-또

スケート

skat 스케이트

사ㄱ까-

サッカー

soccer 축구

스이에-

すいえい

水泳 수영

바레-보-루

バレーボール

volleybal 배구

쥬-도-

じゅうどう

柔道 유도

마라소ㄴ

マラソン

marathon 마라톤

스끼-

スキー

ski 스키

바스께ㅅ또보-루

バスケットボール

basketball 농구

야뀨-

やきゅう

野球 야구

테니스

テニス

tennis 테니스

고루후

ゴルフ

golf 골프

스뽀-츠

スポーツ

sports 스포츠

예 술

비쥬츠 **びじゅつ** 美術 미술	우따 **うた** 歌 노래
비쥬츠까ㄴ **びじゅつかん** 美術館 미술관	
에 **え** 絵 그림	에ㄴ소- **えんそう** 演奏 연주
샤시ㅇ **しゃしん** 写真 사진	오ㅇ가꾸 **おんがく** 音楽 음악
	피아노 **ピアノ** piano 피아노
사꾸히ㄴ **さくひん** 作品 작품	부ㅇ가꾸 **ぶんがく** 文学 문학
데자이ㄴ **デザイン** design 디자인	쇼-세츠 **しょうせつ** 小説 소설

71 공연

에-가
えいが
映画 영화

다ㄴ스
ダンス
dance 댄스, 춤

에ㅇ게끼
えんげき
演劇 연극

오뻬라
オペラ
opera 오페라

오-께스또라
オーケストラ
orchestra 오케스트라

고-에ㄴ
こうえん
公演 공연

시바이
しばい
芝居 연극

고ㄴ사-또
コンサート
concert 콘서트

뮤-지까루
ミュージカル
musical 뮤지컬

가부끼
かぶき
歌舞伎 가부키

가요-꾜꾸
かようきょく
歌謡曲 가요

에ㅇ까
えんか
演歌 엔카

매스컴

마스꼬미
マスコミ
mass communication 매스컴

데레비
テレビ
television
텔레비전

라지오
ラジオ
radio 라디오

자ㅅ시
ざっし
雑誌 잡지

시ㅁ부ㄴ
しんぶん
新聞 신문

바ㅇ구미
ばんぐみ
番組 프로그램

호-소-
ほうそう
放送 방송

뉴-스
ニュース
news 뉴스

챠ㄴ네루
チャンネル
channel 채널

도라마
ドラマ
drama 드라마

도뀨메ㄴ따리-
ドキュメンタリー
documentary 다큐멘터리

이ㄴ따뷰-
インタビュー
interview 인터뷰

73 문 화

마츠리
まつり
祭り　축제

이께바나
いけばな
生け花
꽃꽂이

사도-
さどう
茶道　다도

다느까
たんか
短歌　단카

다나바따
たなばた
七夕　칠석

오보ㅇ
おぼん
お盆　오봉

스모-
すもう
相撲　일본 씨름 스모

기모노
きもの
着物　기모노

가부끼
かぶき
歌舞伎　가부키

하이꾸
はいく
俳句　하이쿠

유까따
ゆかた
浴衣　여름 무명 홑옷

하나미
はなみ
花見　꽃구경

08 즐겁게 일하기!

74 직업

세ㄴ세-

せんせい

先生　선생님

이샤

いしゃ

医者　의사

기ㅇ꼬-이ㅇ

ぎんこういん

銀行員　은행원

게-사츠까ㅇ

けいさつかん

警察官　경찰

에ㄴ지니아

エンジニア

enginee　기술자

가까

がか

画家　화가

가이샤이ㅇ

かいしゃいん

会社員　회사원

가ㅇ고시

かんごし

看護師　간호사

비요-시

びようし

美容師　미용사

고ㄱ꾸

コック

cook　요리사

가슈

かしゅ

歌手　가수

야꾸자이시

やくざいし

薬剤師　약사

회 사

가이사
かいしゃ
会社 회사

샤쵸-
しゃちょう
社長 사장

부쵸-
ぶちょう
部長 부장

죠-시
じょうし
上司 상사

규-료-
きゅうりょう
給料 월급

가이기
かいぎ
会議 회의

장교-
ざんぎょう
残業 잔업

가쵸-
かちょう
課長 과장

히쇼
ひしょ
秘書 비서

부까
ぶか
部下 부하

보-나스
ボーナス
bonus 보너스

슈ㅅ쵸-
しゅっちょう
出張 출장

사무실

다이무까-도
タイムカード
time card
타임카드

다이샤
たいしゃ
退社 퇴근

시샤
ししゃ
支社 지사

호ㄴ샤
ほんしゃ
本社 본사

쇼루이
しょるい
書類 서류

로ㄱ까-
ロッカー
locker 로커, 사물함

시고또
しごと
仕事 일

슈ㄱ끼ㄴ
しゅっきん
出勤 출근

화이루
ファイル
file 파일, 서류철

고삐-
コピー
copy 복사

사이ㄴ
サイン
sign 사인

하따라꾸
はたらく
働く 일하다

경 제

세-사ㄴ

せいさん

生産　생산

시슈츠

ししゅつ

支出　지출

슈-뉴-

しゅうにゅう

収入　수입

게-자이

けいざい

経済　경제

게-에-

けいえい

経営　경영

비지네스

ビジネス

business　비즈니스

쥬요-

じゅよう

需要　수요

쇼-히

しょうひ

消費　소비

교-뀨-

きょうきゅう

供給　공급

부ㄱ까

ぶっか

物価　물가

아까지

あかじ

赤字　적자

구로지

くろじ

黒字　흑자

교 섭

메-시
めいし
名刺 명함

소-다ㄴ
そうだん
相談 상의, 의논

게-야꾸
けいやく
契約 계약

미-띠ㅇ구
ミーティング
meeting 모임

에치께ㅅ또
エチケット
etiquette 에티켓

쇼-다ㄴ
しょうだん
商談 비즈니스상담

하나시아이
はなしあい
話し合い 교섭

또리히끼
とりひき
取引 거래

쇼-바이
しょうばい
商売 장사

마나-
マナー
manner 매너

바이야-
バイヤー
buyer 바이어

푸레제ㄴ떼-쇼ㄴ
プレゼンテーション
presentation 프레젠테이션

신나게 즐기기 | 즐겁게 일하기 | 사랑과 우정 사이 | 세상 속으로 외출 | 자연을 찾아서 | 왕기초 단어왕

09
사랑과 우정 사이!

사 랑

아이 **あい** 愛 사랑	아이스루 **あいする** 愛する 사랑하다
	츠끼아우 **つきあう** 付き合う 사귀다
고이비또 **こいびと** 恋人 애인	데-또 **デート** date 데이트
하츠꼬이 **はつこい** 初恋 첫사랑	가레시 **かれし** 彼氏 남자친구
고-꼬ㅇ **ごうコン** 合コン 미팅	히또메보레 **ひとめぼれ** 一目惚れ 첫눈에 반함
푸로뽀-즈 **プロポーズ** propose 프로포즈	게ㄱ꼬ㅇ **けっこん** 結婚 결혼
고ㅇ야ㄱ샤 **こんやくしゃ** 婚約者 약혼자	

신나게 즐기기 / 즐겁게 일하기 / 사랑과 우정 사이 / 세상 속으로 외출 / 자연을 찾아서 / 왕기초 단어왕

트러블

게ㅇ까 **けんか** 喧嘩 싸움	우소 **うそ** 嘘 거짓말
도라부루 **トラブル** trouble 트러블	와루구치 **わるぐち** 悪口 욕
와까레 **わかれ** 別れ 이별	시쯔레ㄴ **しつれん** 失恋 실연
우와끼 **うわき** 浮気 바람기	
아라소우 **あらそう** 争う 다투다	리꼬ㄴ **りこん** 離婚 이혼
	와까레루 **わかれる** 別れる 헤어지다
우라기루 **うらぎる** 裏切る 배반하다	이지메루 **いじめる** 괴롭히다

81 우 정

도모다치 **ともだち** 友達 친구	유-징 **ゆうじん** 友人 친구
신유- **しんゆう** 親友 친한 친구	나까마 **なかま** 仲間 동료
	셈빠이 **せんぱい** 先輩 선배
시리아이 **しりあい** 知り合い 지인	아이사츠 **あいさつ** 挨拶 인사
코-하이 **こうはい** 後輩 후배	 
아꾸슈 **あくしゅ** 握手 악수	야꾸소꾸 **やくそく** 約束 약속
쇼-까이 **しょうかい** 紹介 소개	유-죠- **ゆうじょう** 友情 우정

신나게 즐기기 / 즐겁게 일하기 / 사랑과 우정 사이 / 세상 속으로 외출 / 자연을 찾아서 / 왕기초 단어왕

사 교

아츠마리
あつまり
集まり　모임

하나시
はなし
話　이야기

노미까이
のみかい
飲み会　술자리모임

니지까이
にじかい
二次会　2차회

코뮤니께-쇼ㄴ
コミュニケーション
communication　커뮤니케이션

가ㅇ게-까이
かんげいかい
歓迎会　환영회

파-띠-
パーティー
party　파티

오샤베리
おしゃべり
수다

마치아와세
まちあわせ
待ち合わせ　만날 약속

쇼-따이
しょうたい
招待　초대

도-소-까이
どうそうかい
同窓会　동창회

소-베츠까이
そうべつかい
送別会　송별회

전 화

데ㅇ와
でんわ
電話　전화

데ㅇ와바ㅇ고－
でんわばんごう
電話番号　전화번호

모시모시
もしもし
여보세요

게－따이데ㅇ와
けいたいでんわ
携帯電話　휴대전화

게－따이메－루
ケータイメール
携帯メール
문자 메시지

마나－모－도
マナーモード
manner mode　진동

게ㅇ가이
けんがい
圏外　통화권 밖

쥬와끼
じゅわき
受話器　수화기

챠꾸메로
ちゃくメロ
着メロ　착신멜로디

하나시츄－
はなしちゅう
話し中　통화중

이치제로요ㄴ
いちぜろよん
104　전화안내국

루스바ㄴ데ㅇ와
るすばんでんわ
留守番電話　자동응답기

10
세상 속으로 외출!

가 게

미세 **みせ** 店 가게	스-빠- **スーパー** supermarket 슈퍼마켓
파ㅇ야 **パンや** パン屋 빵집	호ㅇ야 **ほんや** 本屋 서점
	하나야 **はなや** 花屋 꽃집
야오야 **やおや** 八百屋 야채가게	니꾸야 **にくや** 肉屋 정육점
비요-이ㅇ **びよういん** 美容院 미용실, 미장원	기ㅅ사떼ㅇ **きっさてん** 喫茶店 찻집
레스또라ㅇ **レストラン** restaurant 레스토랑	
고ㅁ비니 **コンビニ** convenience store 편의점	가라오께 **カラオケ** 空オケ 가라오케

건 물

에끼

えき

駅 역

뵤-이ㅇ

びょういん

病院 병원

호떼루

ホテル

hotel 호텔

유-비ㅇ꾜꾸

ゆうびんきょく

郵便局

우체국

도쇼까ㄴ

としょかん

図書館 도서관

오떼라

おてら

お寺 절

에-가까ㄴ

えいがかん

映画館

영화관

데빠-또

デパート

department store 백화점

기ㅇ꼬-

ぎんこう

銀行 은행

지ㄴ쟈

じんじゃ

神社 신사

고-바ㄴ

こうばん

交番 파출소

게-사츠쇼

けいさつしょ

警察署 경찰서

건물내부

비루 **ビル** building 빌딩	다떼모노 **たてもの** 建物 건물
에레베-따- **エレベーター** elevator 엘리베이터	에스까레-타- **エスカレーター** escalator 에스컬레이터
	후로ㄴ또 **フロント** front 프런트
로비- **ロビー** lobby 로비	도아 **ドア** door 문
게ㅇ까ㄴ **げんかん** 玄関 현관	
이리구치 **いりぐち** 入口 입구	데구치 **でぐち** 出口 출구
세마이 **せまい** 狭い 좁다	히로이 **ひろい** 広い 넓다

신나게 즐기기 / 즐겁게 일하기 / 사랑과 우정 사이 / 세상 속으로 외출 / 자연을 찾아서 / 왕기초 단어왕

탈 것

구루마
くるま
車　차

다꾸시-
タクシー
taxi　택시

치까떼쯔
ちかてつ
地下鉄　지하철

바이꾸
バイク
bike　오토바이

도라꾸
トラック
truck　트럭

히꼬-끼
ひこうき
飛行機　비행기

덴샤
でんしゃ
電車　전차, 전철

바스
バス
bus　버스

지뗀샤
じてんしゃ
自転車　자전거

스꾸-따-
スクーター
scooter　스쿠터

기샤
きしゃ
汽車　기차

후네
ふね
船　배

교 통

바스떼-
バスてい
バス停 버스정류장

후미끼리
ふみきり
踏み切り 건널목

호도-꾜-
ほどうきょう
歩道橋 육교

츄-샤
ちゅうしゃ
駐車 주차

사-비스에리아
サービスエリア
service area 휴게소

키ㅂ뿌
きっぷ
切符 표

시ㅇ고-
しんごう
信号 신호등

오-다ㅁ호도-
おうだんほどう
横断歩道 횡단보도

도-로
どうろ
道路 도로

도ㄴ네루
トンネル
tunnel
터널

고-사떼ㄴ
こうさてん
交差点 교차점

고-츠-
こうつう
交通 교통

거리

마치
まち
町　마을, 도회

미치
みち
道　길

호도-
ほどう
歩道　인도

고-소꾸도-로
こうそくどうろ
高速道路　고속도로

고꾸도-
こくどう
国道　국도

치까도-
ちかどう
地下道　지하도

데츠도-
てつどう
鉄道　철도

도시
とし
都市　도시

나미끼
なみき
並木　가로수

시나이
しない
市内　시내

이나까
いなか
田舎　시골

고-가이
こうがい
郊外　교외

운 전

우ㄴ떼ㄴ
うんてん
運転 운전

하ㄴ도루
ハンドル
handle 핸들

스삐-도
スピード
speed 스피드, 속도

에ㄴ지ㄴ
エンジン
engine 엔진

부레-끼
ブレーキ
brake 브레이크

쿠라ㄱ쇼ㄴ
クラクション
klaxon 경적

사세츠
させつ
左折 좌회전

우세츠
うせつ
右折 우회전

시-또베루또
シートベルト
seat belt 안전벨트

아ㄱ세루
アクセル
accelerator 액셀러레이터

바ㄱ꾸미라-
バックミラー
back mirror 백미러, 후시경

유-따-ㄴ
ユーターン
U-turn 유턴

야 외

쇼꾸부츠에ㄴ

しょくぶつえん

植物園　식물원

고-에ㄴ

こうえん

公園　공원

아소비바

あそびば

遊び場　놀이터

소또

そと

外　밖

도-부츠에ㄴ

どうぶつえん

動物園　동물원

히로바

ひろば

広場　광장

오ㄴ세ㄴ

おんせん

温泉　온천

유-에ㄴ치

ゆうえんち

遊園地　유원지

야마

やま

山　산

가와

かわ

川　강

우미

うみ

海　바다

도나리

となり

隣　옆, 이웃

쇼 핑

가이모노

かいもの

買い物

쇼핑, 장보기

네다ㄴ

ねだん

値段 값

레지

レジ

register 계산대

레시-또

レシート

receipt 영수증

데ㅇ이ㄴ

てんいん

店員 점원

데ㄴ쵸-

てんちょう

店長 점장

우리바

うりば

売り場 매장

사이즈

サイズ

size 사이즈

세-루

セール

sale 세일

푸레제ㄴ또

プレゼント

present

선물

구레지ㅅ또까-도

クレジットカード

credit card 신용카드

오꺄ㄱ사ㅇ

おきゃくさん

お客 손님

은 행

기ㅇ꼬ー

ぎんこう

銀行 은행

에ㅇ

えん

円 엔

도루

ドル

dollar 달러

고ー자

こうざ

口座 계좌

게ㅇ끼ㅇ

げんきん

現金 현금

소ー끼ㄴ

そうきん

送金 송금

오까네

おかね

お金 돈

워ㄴ

ウォン

Won 원

츠ー쵸ー

つうちょう

通帳 통장

고기ㅅ떼

こぎって

小切手 수표

쵸끼ㄴ

ちょきん

貯金 저금

히끼다시

ひきだし

引き出し 서랍, 인출

우체국

유-비ㅇ꾜꾸
ゆうびんきょく
郵便局 우체국

후-또-
ふうとう
封筒 봉투

하가끼
はがき
葉書 엽서

비ㄴ세ㄴ
びんせん
便せん 편지지

고즈츠미
こづつみ
小包 소포

포스또
ポスト
post 우체통

데가미
てがみ
手紙 편지

기ㅅ떼
きって
切手 우표

에하가끼
えはがき
絵葉書 그림엽서

마도구치
まどぐち
窓口 창구

가끼또메
かきとめ
書留 등기

다꾸하이
たくはい
宅配 택배

병 원

뵤-이ㇰ

びょういん

病院 병원

이샤

いしゃ

医者 의사

나이까

ないか

内科 내과

츄-샤

ちゅうしゃ

注射 주사

다이이ㄴ

たいいん

退院 퇴원

슈쥬츠

しゅじゅつ

手術 수술

가ㄴ쟈

かんじゃ

患者 환자

하이샤

はいしゃ

歯医者 치과의사

게까

げか

外科 외과

뉴-이ㄴ

にゅういん

入院 입원

치료-

ちりょう

治療 치료

시ㄴ사츠

しんさつ

診察 진찰

병

뵤-끼	びょうき	病気	병
구스리	くすり	薬	약
가제	かぜ	風邪	감기
세끼	せき	咳	기침
즈츠-	ずつう	頭痛	두통
스또레스	ストレス	stress	스트레스
후ㄱ츠-	ふくつう	腹痛	복통
메마이	めまい		현기증
아레루기-	アレルギー	Allergie	알레르기
우이루스	ウイルス	virus	바이러스
가ㄴ	がん	癌	암
오미마이	おみまい	お見舞い	문병

나 라

가ㅇ꼬꾸

かんこく

韓国 한국

쥬-고꾸

ちゅうごく

中国 중국

가나다

カナダ

Canada 캐나다

도이츠

ドイツ

Deutsch 독일

다이와ㄴ

たいわん

台湾 대만

요-로ㅂ빠

ヨーロッパ

Europe 유럽

아메리까

アメリカ

America 미국

후라ㄴ스

フランス

France 프랑스

니호ㄴ

にほん

日本 일본

기따쵸-세ㄴ

きたちょうせん

北朝鮮 북한

아지아

アジア

Asia 아시아

아후리까

アフリカ

Africa 아프리카

도 시

로-마
ローマ
Roma 로마

도-꾜-
とうきょう
東京 도쿄

나고야
なごや
名古屋 나고야

로ㄴ도ㄴ
ロンドン
London 런던

페끼ㅇ
ペキン
北京 북경

소우루
ソウル
서울

푸사ㄴ
プサン
釜山 부산

오-사까
おおさか
大阪 오사카

뉴-요-꾸
ニューヨーク
New York 뉴욕

파리
パリ
Paris 파리

모스꾸와
モスクワ
Moskva 모스크바

샤ㅇ하이
シャンハイ
上海 상해

11

자연을 찾아서 !

99 자 연

히 ひ 日 해	다이요- たいよう 太陽 태양
츠끼 つき 月 달	
소라 そら 空 하늘	호시 ほし 星 별
야마 やま 山 산	츠치 つち 土 땅
	가와 かわ 川 강
우미 うみ 海 바다	시마 しま 島 섬
이께 いけ 池 연못	미즈우미 みずうみ 湖 호수

날 씨

텡끼	てんき	天気	날씨
구모	くも	雲	구름
아메	あめ	雨	비
기리	きり	霧	안개
이나즈마	いなづま	稲妻	번개
유-다치	ゆうだち	夕立	소나기
유끼	ゆき	雪	눈
가제	かぜ	風	바람
히	ひ	日	해
가미나리	かみなり	雷	천둥, 벼락
다이후-	たいふう	台風	태풍
니지	にじ	虹	무지개

계 절

사무이
さむい
寒い 춥다

아따따까이
あたたかい
暖かい 따뜻하다

스즈시이
すずしい
涼しい
시원하다

기세츠
きせつ
季節 계절

츠유
つゆ
梅雨 장마

마나츠
まなつ
真夏 한여름

아츠이
あつい
暑い 덥다

하루
はる
春 봄

나츠
なつ
夏 여름

아끼
あき
秋 가을

후유
ふゆ
冬 겨울

마후유
まふゆ
真冬 한겨울

식물

기 **き** 木 나무	하 **は** 葉 잎
하ㅂ빠 **はっぱ** 葉っぱ 잎사귀	에다 **えだ** 枝 가지
	네 **ね** 根 뿌리
구끼 **くき** 茎 줄기	다네 **たね** 種 씨앗
미 **み** 実 열매	
구사 **くさ** 草 풀	시바후 **しばふ** 芝生 잔디
하야시 **はやし** 林 수풀	모리 **もり** 森 숲

꽃

하나

はな

花　꽃

다ㅁ뽀뽀

たんぽぽ

민들레

츄-리ㅂ뿌

チューリップ

tulip　튤립

츠츠지

つつじ

진달래

기꾸

きく

菊　국화

유리

ゆり

백합

바라

ばら

장미

히마와리 130

ひまわり

해바라기

레ㅇ교-

れんぎょう

개나리

가-네-쇼ㄴ

カーネーション

carnation

카네이션

코스모스

コスモス

cosmos　코스모스

사꾸라

さくら

桜　벚꽃

동물

이누
いぬ
犬 개

네꼬
ねこ
猫 고양이

우시
うし
牛 소

조-
ぞう
象 코끼리

우마
うま
馬 말

부따
ぶた
豚 돼지

우사기
うさぎ
兎 토끼

사루
さる
猿 원숭이

네즈미
ねずみ
鼠 쥐

시까
しか
鹿 사슴

라이오ㄴ
ライオン
lion 사자

헤비
へび
蛇 뱀

새

도리
とり
鳥 새

니와또리
にわとり
鶏 닭

하또
はと
鳩 비둘기

가라스
からす
烏 까마귀

스즈메
すずめ
雀 참새

아히루
あひる
家鴨 집오리

가모
かも
오리

츠루
つる
鶴 학, 두루미

츠바메
つばめ
燕 제비

가쵸－
がちょう
거위

오우무
おうむ
앵무새

이ㅇ꼬
インコ
잉꼬

물고기

사까나
さかな
魚 생선

사께
さけ
鮭 연어

다이
たい
鯛 도미

가니
かに
蟹 게

다꼬
たこ
문어

사바
さば
鯖 고등어

마구로
まぐろ
鮪 참다랑어, 참치

에비
えび
海老 새우

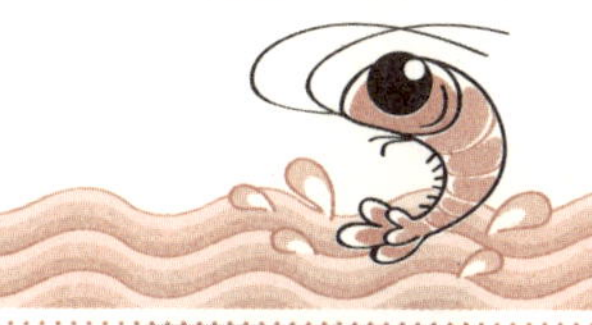

다라
たら
鱈 대구

이까
いか
오징어

우나기
うなぎ
鰻 뱀장어

산마
さんま
꽁치

곤 충

무시
むし
虫 벌레, 곤충

쵸-
ちょう
蝶 나비

호따루
ほたる
蛍 반딧불

가
か
蚊 모기

구모
くも
蜘蛛 거미

미미즈
みみず
지렁이

세미
せみ
蝉 매미

돔보
とんぼ
잠자리

하에
はえ
蠅 파리

아리
あり
蟻 개미

하치
はち
蜂 벌

고끼부리
ゴキブリ
바퀴벌레

12
왕기초 단어왕 !

형용사 I

이이 いい 좋다	와루이 わるい 悪い 나쁘다
치까이 ちかい 近い 가깝다	도-이 とおい 遠い 멀다
다까이 たかい 高い 높다	히꾸이 ひくい 低い 낮다
오-끼이 おおきい 大きい 크다	치-사이 ちいさい 小さい 작다
오모이 おもい 重い 무겁다	가루이 かるい 軽い 가볍다
야사시이 やさしい 易しい 쉽다	무즈까시이 むずかしい 難しい 어렵다
츠요이 つよい 強い 강하다	요와이 よわい 弱い 약하다

신나게 즐기기 / 즐겁게 일하기 / 사랑과 우정 사이 / 세상 속으로 외출 / 자연을 찾아서 / 왕기초 단어왕

형용사 Ⅱ

아까이 **あかい** 赤い 빨갛다	아오이 **あおい** 青い 파랗다
시로이 **しろい** 白い 하얗다	구로이 **くろい** 黒い 검다
기-로이 **きいろい** 黄色い 노랗다	아까루이 **あかるい** 明るい 밝다
구라이 **くらい** 暗い 어둡다	아따따까이 **あたたかい** 温かい 따뜻하다
아츠이 **あつい** 暑い 덥다	스즈시이 **すずしい** 涼しい 서늘하다
사무이 **さむい** 寒い 춥다	가와이이 **かわいい** 귀엽다
우츠꾸시이 **うつくしい** 美しい 아름답다	스바라시이 **すばらしい** 素晴らしい 멋지다

な형용사 I

겡끼다 げんきだ 元気だ 건강하다	기레-다 きれいだ 깨끗하다, 예쁘다
다이죠-부다 だいじょうぶだ 大丈夫だ 괜찮다	유-메-다 ゆうめいだ 有名だ 유명하다
벤리다 べんりだ 便利だ 편리하다	후벤다 ふべんだ 不便だ 불편하다
칸딴다 かんたんだ 簡単だ 간단하다	후꾸자쯔다 ふくざつだ 複雑だ 복잡하다
죠-즈다 じょうずだ 上手だ 능숙하다	헤따다 へただ 下手だ 서툴다
시즈까다 しずかだ 静かだ 조용하다	니기야까다 にぎやかだ 북적거리다
스떼끼다 すてきだ 素敵だ 멋지다	신세쯔다 しんせつだ 親切だ 친절하다

な형용사Ⅱ

스끼다 **すきだ** 好きだ　좋아하다	기라이다 **きらいだ** 嫌いだ　싫어하다
히츠요-다 **ひつようだ** 必要だ　필요하다	마지메다 **まじめだ** 真面目だ　성실하다
다이세츠다 **たいせつだ** 大切だ　중요하다	다이지다 **だいじだ** 大事だ　중요하다
도꾸베츠다 **とくべつだ** 特別だ　특별하다	자ㄴ네ㄴ다 **ざんねんだ** 残念だ　유감스럽다
리ㅂ빠다 **りっぱだ** 立派だ　훌륭하다	스나오다 **すなおだ** 素直だ　순수하다
무리다 **むりだ** 無理だ　무리다	죠-부다 **じょうぶだ** 丈夫だ　튼튼하다
쥬-부ㄴ다 **じゅうぶんだ** 十分だ　충분하다	헤ㄴ다 **へんだ** 変だ　이상하다

동 사 I

오끼루 **おきる** 起きる　일어나다	네루 **ねる** 寝る　자다
이꾸 **いく** 行く　가다	구루 **くる** 來る　오다
다쯔 **たつ** 立つ　서다	스와루 **すわる** 座る　앉다
다베루 **たべる** 食べる　먹다	노무 **のむ** 飲む　마시다
미루 **みる** 見る　보다	기루 **きる** 着る　입다
이우 **いう** 言う　말하다	하나스 **はなす** 話す　이야기하다
아루꾸 **あるく** 歩く　걷다	하시루 **はしる** 走る　달리다

동 사Ⅱ

오모우 **おもう** 思う　생각하다	강가에루 **かんがえる** 考える　생각하다
가꾸 **かく** 書く　쓰다	요무 **よむ** 読む　읽다
기꾸 **きく** 聞く　듣다	가우 **かう** 買う　사다
우루 **うる** 売る　팔다	아께루 **あける** 開ける　열다
시메루 **しめる** 閉める　닫다	가스 **かす** 貸す　빌려주다
가리루 **かりる** 借りる　빌리다	오꾸 **おく** 置く　두다
모츠 **もつ** 持つ　가지다, 들다	아우 **あう** 会う　만나다

동 사Ⅲ

발음	단어	한자	뜻
아소부	あそぶ	遊ぶ	놀다
야스무	やすむ	休む	쉬다
노루	のる	乗る	타다
오리루	おりる	降りる	내리다
데루	でる	出る	나가다
마츠	まつ	待つ	기다리다
히로우	ひろう	拾う	줍다
스떼루	すてる	捨てる	버리다
아라우	あらう	洗う	씻다
아게루	あげる	上げる	올리다
사게루	さげる	下げる	내리다
하지메루	はじめる	始める	시작하다
오와루	おわる	終わる	끝나다
가에루	かえる	帰る	돌아가다

동 사Ⅳ

발음	단어	한자	뜻
스루	する		하다
야루	やる		하다
츠꾸루	つくる	作る	만들다
오보에루	おぼえる	覚える	외우다
와스레루	わすれる	忘れる	잊다
이레루	いれる	入れる	넣다
다스	だす	出す	꺼내다
하따라꾸	はたらく	働く	일하다
가조에루	かぞえる	数える	세다
에라부	えらぶ	選ぶ	고르다
와까루	わかる	分かる	알다
시루	しる	知る	알다
데까께루	でかける	出かける	외출하다
스무	すむ	住む	살다

부 사

도떼모
とても
매우

다ㄱ사ㅇ
たくさん
많이

모-
もう
이제, 벌써

유ㄱ꾸리
ゆっくり
천천히

아마리
あまり
그다지

이츠모
いつも
항상

후츠-
ふつう
普通 보통

스꼬시
すこし
少し 조금

마따
また
다시

마다
まだ
아직

요꾸
よく
잘

스구
すぐ
곧, 바로

쵸-도
ちょうど
꼭, 딱

야하리
やはり
역시